BEI GRIN MACHT SICH IHR WISSEN BEZAHLT

- Wir veröffentlichen Ihre Hausarbeit, Bachelor- und Masterarbeit

- Ihr eigenes eBook und Buch - weltweit in allen wichtigen Shops

- Verdienen Sie an jedem Verkauf

Jetzt bei www.GRIN.com hochladen und kostenlos publizieren

Bibliografische Information der Deutschen Nationalbibliothek:

Die Deutsche Bibliothek verzeichnet diese Publikation in der Deutschen Nationalbibliografie; detaillierte bibliografische Daten sind im Internet über http://dnb.d-nb.de/ abrufbar.

Dieses Werk sowie alle darin enthaltenen einzelnen Beiträge und Abbildungen sind urheberrechtlich geschützt. Jede Verwertung, die nicht ausdrücklich vom Urheberrechtsschutz zugelassen ist, bedarf der vorherigen Zustimmung des Verlages. Das gilt insbesondere für Vervielfältigungen, Bearbeitungen, Übersetzungen, Mikroverfilmungen, Auswertungen durch Datenbanken und für die Einspeicherung und Verarbeitung in elektronische Systeme. Alle Rechte, auch die des auszugsweisen Nachdrucks, der fotomechanischen Wiedergabe (einschließlich Mikrokopie) sowie der Auswertung durch Datenbanken oder ähnliche Einrichtungen, vorbehalten.

Impressum:

Copyright © 2017 GRIN Verlag, Open Publishing GmbH
Druck und Bindung: Books on Demand GmbH, Norderstedt Germany
ISBN: 9783668604551

Dieses Buch bei GRIN:

https://www.grin.com/document/385032

Anonym

Betriebliches Gesundheitsmanagement. Empirische Untersuchung der Krankenstände eines Logisitik-Unternehmens

GRIN Verlag

GRIN - Your knowledge has value

Der GRIN Verlag publiziert seit 1998 wissenschaftliche Arbeiten von Studenten, Hochschullehrern und anderen Akademikern als eBook und gedrucktes Buch. Die Verlagswebsite www.grin.com ist die ideale Plattform zur Veröffentlichung von Hausarbeiten, Abschlussarbeiten, wissenschaftlichen Aufsätzen, Dissertationen und Fachbüchern.

Besuchen Sie uns im Internet:

http://www.grin.com/

http://www.facebook.com/grincom

http://www.twitter.com/grin_com

Inhaltsverzeichnis

1 ZUSAMMENFASSUNG DER ANALYSE ALS FAZIT 2

   1.1   Betriebliche Ausgangssituation im Unternehmen.................................2

   1.2   Gesundheitliche Ausgangssituation 4

2 ABLEITUNG VON HANDLUNGSSCHWERPUNKTEN 6

   2.1   Handlungsschwerpunkt Führungsverhalten...6

   2.2   Handlungsschwerpunkt: Verminderung der arbeitsspezifischen Rückenbeschwerden 7

   2.3   Handlungsschwerpunkt: Psychische Belastungen 8

3 ERSTELLUNG EINER INTERVENTIONSPLANUNG ZUR VORLAGE BEI DER GESCHÄFTSLEITUNG 9

   3.1   Interventionsmaßnahme: Arbeitsplatzbezogenes Rückenprogramm.................9

   3.2   Interventionsmaßnahme: Gesunde Führung im Unternehmen 12

   3.3   Projekt- und Ressourcenplanung 13

       3.3.1   Zuständigkeit und Budgetverteilung des BGM – Projekts................13

       3.3.2   Zeitliche Darstellung des BGM – Projekts.......................................15

4 DISKUSSION UND PROBLEME DER EVALUATION 21

   4.1   Evaluationstypen und Evaluationsmöglichkeiten..21

   4.2   Probleme der Evaluation von Maßnahmen im BGM 22

5 LITERATURVERZEICHNIS 25

6 ABBILDUNGS- UND TABELLENVERZEICHNIS 27

   6.1   Abbildungsverzeichnis 27

   6.2   Tabellenverzeichnis 27

1 Zusammenfassung der Analyse als Fazit

Das Unternehmen Muster GmBH in Stuttgart verfolgt das Ziel, BGM als Pilotprojekt im Bereich der Logistik einzuführen, um die auffällig hohen Krankenstände zu reduzieren. Folglich wurde eine anonyme Mitarbeiterbefragung und eine Gefährdungsbeurteilung als Ergänzung durchgeführt und die Fehlzeitenstatistik analysiert. An der Befragung nahmen 107 Beschäftigte in der Logistik teil. Die Rücklaufquote der Fragebögen beläuft sich auf 81% (N= 87). Die Gefährdungsbeurteilung wurde an allen Arbeitsplätzen der Abteilung durchgeführt. Die Ergebnisse der Analysen geben Auskunft über die betriebliche und gesundheitliche Ausgangssituation im Unternehmen, die im Folgenden beschrieben wird.

1.1 Betriebliche Ausgangssituation im Unternehmen

Das Unternehmen Muster GmbH in Stuttgart produziert Holzmöbel für alle Wohnbereiche und verfolgt die Vision, in Deutschland mit gleichbleibender Qualität konkurrenzfähig gegenüber Importwaren aus China und Fernost zu sein. Es gliedert sich in fünf Aufgabenbereiche: Geschäftsleitung, Verwaltung, Marketing/Vertrieb, Produktion, Logistik und Zentrale Dienste. Von den insgesamt 1.505 Mitarbeiter arbeiten die meisten in der Produktion (1.278) und der Logistik (107). Letzteres umfasst die Aufgabenfelder Kommissionierung, Transport und Versand der Möbel.
Die Arbeitszeiten unterscheiden sich in den verschiedenen Unternehmensbereichen. Während die Verwaltung, Marketing/Vertrieb und die Zentralen Dienste Gleitschicht arbeiten, besteht in der Produktion ein Vierschichtbetrieb und in der Logistik Früh- und Spätschicht. In einem Vollzeitarbeitsverhältnis stehen 1.407 Mitarbeiter, die auch hauptsächlich in der Produktion und Logistik angestellt sind. Im Unternehmen gibt es etwa doppelt so viele Männer wie Frauen. Im Hinblick auf die Altersverteilung wird deutlich, dass das Durchschnittsalter im Unternehmen hoch ist, da etwa 71% der Befragten älter als 40 Jahre sind.
Der Krankenstand lag im Unternehmen bei 6,9% im Jahr 2011 und im Vorjahr bei 6,5%. Er liegt somit mit ca. 1% über den Branchendurchschnitt von 6,0% (Fehlzeitenreport, 2016, S. 430).
Im Unternehmen wurden in der Mitarbeiterbefragung und der Gefährdungsbeurteilung schlechte Arbeitsbedingungen festgestellt. Darunter fallen Angaben zur bestehenden Zugluft und einem extremen Wärme - Kälte – Wechsel auf dem Betriebsgelände.

In der Gefährdungsbeurteilung wird außerdem deutlich, dass die Mitarbeiter im Versand auf zu engem Raum arbeiten. Ungünstige Beleuchtungen, schwer lesbare Etiketten und zu hohe Vibrationen durch Stapler fahren, fallen ebenfalls unter die Faktoren, die die Arbeitsbedingungen negativ beeinflussen. Unter anderem ergibt sich daraus eine hohe Stolpergefahr als Unfallrisiko am Arbeitsplatz.

In der Befragung befasste sich die vierte Frage mit Verbesserungsvorschlägen für die Gesundheitsförderung und -erhaltung. Insgesamt wurden zwölf verschiedene Antwortmöglichkeiten vorgegeben. Deutlich über 30% der Befragten wünschten sich Änderungen im Führungsverhalten, der Arbeitsorganisation, der Arbeitsplatzgestaltung und der Hygienemaßnahmen in den sanitären Anlagen. In der Gefährdungsbeurteilung wurde zur Arbeitsorganisation außerdem ein Personalmangel in der Kommissionierung festgestellt. Dadurch ist es den Mitarbeitern nicht möglich Möbel gemeinsam zu transportieren und somit schweres Heben und Tragen zu vermeiden. Folglich erhöht sich der Zeitdruck in der Kommissionierung, da schnelleres Arbeiten im Team nicht umsetzbar ist. Zum anderen wurde eine zu geringe Anzahl der Transportfahrzeuge im Verhältnis zu den Mitarbeitern festgestellt. In Frage 3 wurde auf einer 7-stufigen Skala von „außerordentlich zufrieden" bis hin zu „außerordentlich unzufrieden" am Arbeitsplatz gefragt. Auf der Auswertungsskala lag der Mittelwert bei 4,5 und somit in der Kategorie „Geringe Zufriedenheit". In Frage 6 wurde nach der Möglichkeit der Mitarbeiter gefragt, Entscheidungen am Arbeitsplatz selbst zu fällen. Dabei konnte auf einer fünfstufigen Skala von „sehr wenig" bis „sehr viel" Angaben gemacht werden. In der Auswertung ergab sich ein Mittelwert von 2,9, der auf einer Skala von 2,0 bis 4,6 (negativ zu positiv verlaufend) im negativen Bereich lag.

Zum Schluss wurde die Zuverlässigkeit zwischen den Vorgesetzten und den Arbeitskollegen bewertet. Die Ergebnisse zeigten, dass die Werte unter den Kollegen im Gesamten besser ausfielen, als bei den Vorgesetzen. Jedoch lag der Mittelwert auch hier mit 3,1 auf einer Skala von 1,8 bis 4,0 nur knapp im positiven Bereich.

Zusammenfassend lässt sich sagen, dass die betriebliche Ausgangssituation des Unternehmens, überwiegend Mängel in der Arbeitsorganisation und Arbeitsplatzbedingungen aufweist. Außerdem zeigt sich in der Mitarbeiterbefragung die Tendenz einer Unzufriedenheit am Arbeitsplatz aufgrund fehlender Entscheidungsfreiheiten und mangelnder Verlässlichkeit unter dem Personal.

1.2 Gesundheitliche Ausgangssituation

Die Statistiken der Krankenstände über die Mitarbeiter im Unternehmen im Jahre 2014 und 2015 zeigten, dass sie und besonders der Anteil der Langzeitkranken tendenziell steigen. Vor allem in den Arbeitsbereichen Produktion und Logistik steigt die Zahl im Vergleich zu anderen Unternehmensbereichen stetig. Durch die anonyme Mitarbeiterbefragung stellten sich viele Aspekte zum Thema Gesundheit heraus.

In der ersten Frage wurde nach dem allgemeinen Gesundheitszustand gefragt, der auf einer Skala von sehr gut bis schlecht (1 bis 5) angegeben werden konnte. Besonders im Alter von 50 bis 59 lag der Mittelwert bei 3,4 und bei den Mitarbeitern von 60 Jahren und darüber bei 3. Der Gesamtmittelwert des Gesundheitszustandes bei allen Mitarbeitern lag bei 2,8. Das Ergebnis nach Alter gegliedert, zeigt deutlich, dass der Gesundheitszustand mit zunehmenden Alter schlechter beurteilt wurde.

In Frage 2 wurde nach verschiedenen Beschwerdebildern gefragt. Das Ergebnis zeigte, dass der Großteil der Angestellten, mit 54%, an Rückenschmerzen und Verspannungen litt. Außerdem gaben 31% Müdigkeit und Abgeschlagenheit an. Mehr als 20% der Mitarbeiter neigten zu Beschwerden wie Nervosität, Unruhe, Reizbarkeit, Kopfschmerzen und Schlafstörungen. Es wurde somit ersichtlich, dass sowohl körperliche als auch psychische Belastungsfaktoren eine Rolle spielen.

In Abb. 1 sind die Beschwerdebilder noch einmal in einem Netzdiagramm dargestellt. Bei beiden Analyseinstrumenten stellte sich die schwere körperliche Belastung als größter Einflussfaktor am Arbeitsplatz heraus. In der Gefährdungsbeurteilung wurden in der Kommissionierung von Groß- und Kleinmöbeln und im Versand zu hohe Belastungen beim Tragen, Ziehen, und Heben festgestellt. Der Nohl – Wert wurde als große Gefährdung mit 4 eingestuft. Beim Transport der Waren wurden außerdem durch das häufige Staplerfahren Rückenbeschwerden aufgrund von Bewegungsmangel und starker Stöße durch Vibrationen analysiert. Schlussfolgernd kann gesagt werden, dass die körperlichen Belastungsfaktoren im Bereich der Logistik zu hoch erscheinen und eine Rolle für die steigenden Krankenstände mit zunehmenden Alter spielen können.

Unter die psychosozialen Belastungen fallen die geringe Entscheidungsfreiheit und die mangelnde Zuverlässigkeit unter den Kollegen und Vorgesetzten. Aber auch die Unternehmensphilosophie, die einen hohen Anspruch an die Mitarbeiter stellt, übt einen Leistungsdruck aus und kann als Ursache für die genannten Beschwerdebilder Nervosität, Schlafstörungen, Kopfschmerzen, Unruhe und Reizbarkeit in Betracht gezogen werden.

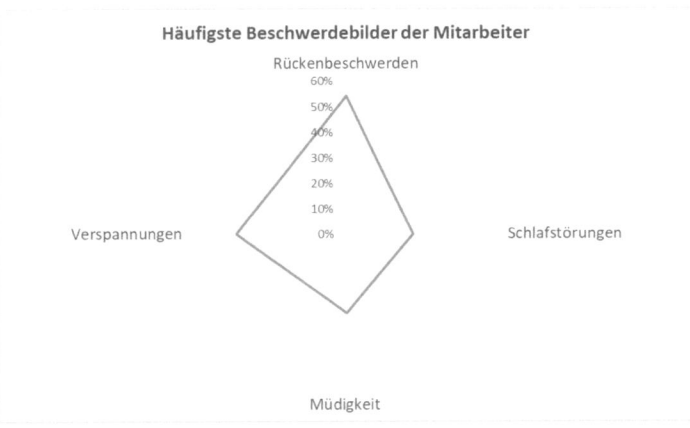

Abb. 1: Netzdiagramm, Beschwerdebilder der Mitarbeiter

Außerdem fällt das Verhältnis Anzahl der Mitarbeiter zwischen Produktion (1.278) und Logistik (107) ins Auge. In der Logistik arbeiten deutlich weniger Mitarbeiter, die bei gleichbleibend hoher Produktionsrate somit immer mehr unter Zeitdruck geraten.

In Frage 5 wurde nach Belastungsstufen von verschiedenen Bedingungen am Arbeitsplatz gefragt. Bei der Auswertung ergab sich eine Top 5 in der Kategorie „stark belastend". Darunter fiel die Zugluft, extreme Temperaturunterschiede, das Tragen und Schieben von schweren Gegenständen und oftmals die gebückte falsche Haltung, die Staubbelastung und die beengten Arbeitsräume.

Zusammenfassend lässt sich sagen, dass die betriebliche und gesundheitliche Ausgangssituation im Unternehmen in enger Beziehung zueinander stehen. Ständen in der Arbeitsorganisation zum Beispiel mehr Transportfahrzeuge und Mitarbeiter zur Verfügung, würde die körperliche Belastung deutlich abnehmen und auch der Zeitdruck würde kleiner werden. Außerdem könnte der Wunsch nach einem verbesserten Führungsverhalten eine Erklärung für die bestehenden psychischen Beschwerden sein.

Zur Überprüfung des negativ bewerteten Führungsverhaltens könnten auch die mangelnde Entscheidungsspielräume und die unzureichende Unterstützung der Mitarbeiter durch die Vorgesetzten herangezogen werden. Der Wunsch nach einer besseren Arbeitsorganisation spielt sicher bei der allgemeinen Unzufriedenheit auch eine Rolle. In Tab. 1 sind die Ergebnisse der beiden Arbeitsanalysen noch einmal tabellarisch dargestellt.

Tab. 1: Zusammenfassung der Ergebnisse der Arbeitsanalyse

Problem	Details
• Klima	• Wärme – Kälte –Wechsel • Zugluft
• Körperliche Belastung	• Schwere Hebearbeiten • Tragen, Schieben, Ziehen • Gebückte Haltung • Rückenschmerzen • Verspannungen • Verkrampfungen • Viel Stehen und Gehen
• Bewegungsmangel	• Nur sitzende Tätigkeit beim allgemeinen Transport (Stapler fahren)
• Arbeitsmaterialien	• Etiketten schwer lesbar • Ungünstige Beleuchtung • Geringe Anzahl an Transportfahrzeugen
• Hygienemängel	• Hygienemaßnahmen der sanitären Anlagen
• Personalmanagement	• Wenig Entscheidungsfreiheit ➤ Kopfschmerzen, Unruhe, Schlafstörungen, Reizbarkeit, Nervosität • Schichtsystem • Mangelnde Unterstützung
• Zeitmanagement	• Zeitdruck • Personalmangel (Arbeit zu zweit nicht immer möglich)

2 Ableitung von Handlungsschwerpunkten

Anhand der Analysierung konnten bereits in Tab. 1 mehrere Probleme festgestellt werden, die im Folgenden in drei Handlungsschwerpunkte gegliedert werden.

Bei der Priorisierung der Handlungsschwerpunkte sind zum einen die Wünsche der Mitarbeiter, zum anderen die der Unternehmensleitung zu berücksichtigen. Die Reihenfolge der folgenden Handlungsschwerpunkte entspricht auch deren Priorisierung. In Abb. 2 ist sie noch einmal grafisch dargestellt.

2.1 Handlungsschwerpunkt Führungsverhalten

Die Verbesserung des Führungsverhaltens braucht in der Regel größere Einschnitte in die Unternehmensprozesse und die Veränderungsbereitschaft der Vorgesetzten muss erst einmal erreicht werden.

Dennoch spielt das Führungsverhalten im Betrieblichen Gesundheitsmanagement die zentrale Rolle, da diese Einfluss auf die Produktivität und den Erfolg des Unternehmens haben. „Wissenschaftliche Erkenntnisse zeigen, dass Vorgesetzte mit ihrem Führungsverhalten die psychische Gesundheit und das Wohlbefinden der Beschäftigten wesentlich beeinflussen" (IGA, 2015, S. 7). Neben dem wünschen sich laut der Mitarbeiterbefragung 38% der Befragten eine Verbesserung im Führungsverhalten und 42% eine bessere Arbeitsorganisation. Dabei ist wichtig, dass entscheidende Maß an Unterstützung von den Führungskräften zu erfahren. „Hier kommt es z.B. darauf an, ob Vorgesetzte ansprechbar sind, ob sich mit ihnen Probleme erörtern lassen und ob von ihnen klar strukturierte Aufgaben sowie eindeutige Rückmeldungen zu erwarten sind" (IGA, 2015, S. 10).

Zusammenfassend lässt sich sagen, dass die Verbesserung des Führungsverhaltens die oberste Priorität hat, da die Maßnahmen des Betrieblichen Gesundheitsmanagements erst bei der Unternehmensführung akzeptiert werden müssen. Außerdem hat eine mangelnde soziale Unterstützung hat einen sehr großen Einfluss auf die Arbeitszufriedenheit und somit auch auf die Fehlzeiten und Arbeitsmotivation der Mitarbeiter. Somit lässt sich sagen, dass die Führungskräfte die Verantwortung über die psychische und physische Gesundheit der Beschäftigten tragen (IGA, 2015, S. 13).

2.2 Handlungsschwerpunkt: Verminderung der arbeitsspezifischen Rückenbeschwerden

Der zweite Handlungsschwerpunkt erhält Priorität 2, da die Analyseergebnisse der Mitarbeiterbefragung ins Auge fiel, dass 54% der Mitarbeiter über Rückenschmerzen und 43% über Nackenverspannungen klagten.

Das Heben und Tragen von schweren Lasten in allen Logistikabteilungen wirkt sich auf die Wirbelsäule, vor allem auf den Bereich der Lendenwirbelsäule aus. „Diese Belastung wird im Wesentlichen bestimmt durch Gewicht und Anzahl der zu hebenden oder zu tragenden Gegenstände und durch die dabei eingenommene Körperhaltung" (Steinberg & Windberg, 2011, S.4). Um diese Funktionsstörungen und entsprechende Erkrankungen im Unternehmen vorzubeugen, müssen gezielte Maßnahmen und Arbeitsmittel eingesetzt werden. Aber auch durch dauerhaftes Stapler fahren kann es zu degenerativen Veränderungen des gesamten Bewegungsapparates kommen, die zu Rückenschmerzen, aber auch Verspannungen im Nacken- und Schulterbereich führen können (Gredofski, 2015, S. 31).

Diese einseitigen Tätigkeiten führen zu „Unterforderungen und damit zu einem fehlenden Training des Muskel- Skelett- Systems. Dies bedingt Verletzungen und Überforderungen bereits durch alltägliche Belastungen" (Liebers & Caffier, 2009, S. 9).
Durch die Minderung der körperlichen Belastungen können für die Zukunft des Unternehmens die Krankheits- und Unfallzahlen in der Logistik sinken. Somit ist es auch wieder möglich durch mehr Personal schwere Arbeiten bei der Kommissionierung von Großmöbeln gemeinsam zu erledigen. Dies wiederum könnte die Leistungsmotivation in der Unternehmensabteilung steigern. Außerdem hat es einen positiven Einfluss auf das Zeitmanagement, da Aufgaben mit weniger Problemen, mehr Leistungsstärke und somit in kürzerer Zeit umgesetzt werden können.
Zusammengefasst lässt sich sagen, dass die Rückenbeschwerden einerseits mit den schweren körperlichen Arbeiten, zum anderen auch mit den schlechten Arbeitsbedingungen zusammenhängen könnten. Diese wurden in der Gefährdungsbeurteilung mit hohen Nohl – Werten von 3 bis 4 bewertet. Somit sollte der Fokus des Handlungsfeldes auf der Verbesserung der körperlichen Fitness und auf einer Optimierung der Arbeitsplatzbedingungen liegen.

2.3 Handlungsschwerpunkt: Psychische Belastungen

Der dritte Handlungsschwerpunkt umfasst die psychischen Belastungen der Mitarbeiter am Arbeitsplatz, die in der Mitarbeiterbefragung ins Auge fielen.
Dabei gaben jeweils ein Drittel der Mitarbeiter an, an Nervosität, Müdigkeit und Schlafstörungen zu leiden. Außerdem litten 22% an Reizbarkeit oder Kopfschmerzen. Alle aufgezählten Beschwerden gehören zu den typischen Symptombildern von Stress, die sich in Form von psychischen und somatischen Beschwerden äußern (IGA, 2009, S.5). Wie psychische Störungen genau entstehen ist unklar, jedoch geht man davon aus, „dass psychische Störungen das Ergebnis der Wechselwirkung von belastenden Ereignissen oder Lebenssituationen und einer bestimmten individuellen Verletzlichkeit einer Person sind" (IGA, 2009, S. 2). Um die psychische Gesundheit im Unternehmen zu verbessern, ist es wichtig die Ursache für die genannten Beschwerdebildern zu finden, um diese mit entsprechenden Maßnahmen zu verbessern. Aufgrund der komplexen und umfangreichen Analyse von psychischen Belastungen am Arbeitsplatz erhalten sie Priorität 3.

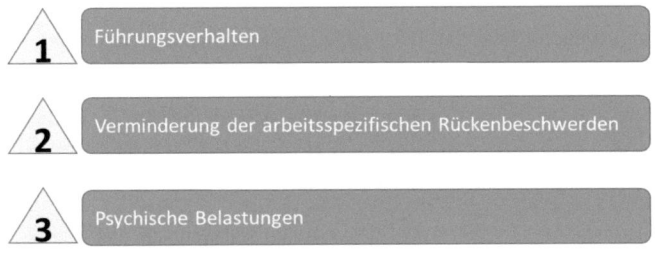

Abb. 2: Priorisierung der Handlungsfelder

3 Erstellung einer Interventionsplanung zur Vorlage bei der Geschäftsleitung

Nachdem die Handlungsschwerpunkte festgelegt wurden, werden im folgenden Verlauf zwei Interventionsmaßnahmen detailliert dargestellt. Diese beziehen sich auf die Verminderung der arbeitsspezifischen Rückenbeschwerden und auf die Verbesserung des Führungsverhaltens.

3.1 Interventionsmaßnahme: Arbeitsplatzbezogenes Rückenprogramm

In der Gefährdungsbeurteilung wird ersichtlich, dass in allen Abteilungen, d.h. Kommissionierung der Groß- und Kleinmöbel, Transport und Versand, rückenbelastende Faktoren durch häufiges, schweres Ziehen, Heben und Tragen eine Rolle spielen. Außerdem stellten sich Rücken- und Nackenbeschwerden als größte Belastung heraus.
Die Intervention des Arbeitsplatzbezogene Rückenprogramms wendet sich an alle Mitarbeiter und Führungskräfte im Unternehmen und steht somit im Sinne der Luxemburger Deklaration (Integration).
Das Ziel der Intervention liegt darin, die arbeitsspezifischen Rücken- und Nackenbeschwerden zu verbessern und gleichzeitig ein Gesundheitsbewusstsein der Mitarbeiter zu schaffen.

Zu den verhaltensorientierten Maßnahmen gehört an erster Stelle die Schulung der Mitarbeiter zu einem gesundheitsförderlichen Bewegungsverhalten und einer ergonomischen, rückenschonenden Arbeitsweise. Sie dient zur Orientierung in dem Themengebiet und sensibilisiert die Mitarbeiter zur Prävention von Muskel- Skelett- Erkrankungen. Die Vortragsphase erstreckt sich über zwei Wochen, in denen wöchentlich zwei Vorträge von etwa 45min gehalten werden.

Als zweite verhaltensbezogene Maßnahme ist eine Firmenfitness geplant. Durch eine Kooperation mit einem Fitnessstudio in der Umgebung werden Geräte- und Cardiotraining angeboten. Als besondere Leistung dient die Betreuung via Personal Trainer, um individuelle Ziele anhand einer vorher durchgeführten Bestandsanalyse zu verfolgen. Eine kostenlose Nutzung der Kurse im Studio ist zusätzlich möglich.

Die Intervention wurde vor allem unter Berücksichtigung der Ressourcenplanung gewählt, da die Nutzung des Studios außerhalb der Arbeitszeiten möglich ist. Somit bleiben interne Kosten durch die Freistellung der Mitarbeiter an Interventionen aus. Außerdem ist durch die Möglichkeit eines Personaltrainers eine fachgerechte Betreuung möglich. Ein weiterer Vorteil liegt in der eigenen Trainingserfolgskontrolle.

Durch das Gerätetraining können sichtbare Erfolge durch Protokollierung der Steigerung der Gewichte festgehalten werden. Dasselbe gilt für das Cardiotraining, bei dem die Ausdauerleistung durch ein Belastungstest am Ergometer gemessen und verglichen werden kann. Ebenso kann durch eine Körperanalysewaage die Gewichtskontrolle und somit der Erfolg der Firmenfitness gemessen werden. Alle drei Möglichkeiten tragen zu einer erhöhten Motivation an der Nutzung der Firmenfitness bei. Ein weiterer positiver Effekt könnte der vom Unternehmen externe Standort des Fitnessstudios sein, da Beschäftigte eventuell die Interventionsmaßnahme weniger mit der Arbeit in Verbindung bringen. Zum Schluss ist zu sagen, dass die Firmenfitness durch das Angebot von Geräte- und Cardiotraining inklusive Kursnutzung ein abwechslungsreiches Programm zur Vorbeugung gegen Rückenschmerzen darstellt und gleichzeitig andere körperliche Belastungen reduzieren kann. Die Dauer der verhaltensbezogene Maßnahme erstreckt sich über die ganze Zeit der Interventionsumsetzung (5 Monate), da die Kooperation direkt in Kraft tritt und somit der Zugang zum Fitnessstudio direkt ermöglich wird.

Zu den verhältnisbezogenen Maßnahmen zählen die Organisationsveränderungen auf dem Betriebsgelände. Das Ziel besteht darin, Belastungen bei der Arbeit zu reduzieren, um gleichzeitig schnellere Arbeitsprozesse und ein höherer Produktgewinn zu erzielen.

In der Gefährdungsbeurteilung wurde bereits festgestellt, dass eine zu geringe Anzahl an Transportfahrzeugen bei der Kommissionierung der Groß- und Kleinmöbel besteht. Die erste Organisationsveränderung würde darin bestehen, die Anzahl der Fahrzeuge an die Mitarbeiterzahl entsprechend anzupassen, um die körperlichen Arbeiten zu reduzieren. Außerdem wurde in der Gefährdungsbeurteilung ein Platzmangel und oftmaliges Heben und Tragen im Versand festgestellt. Die zweite Organisationsveränderung zielt somit auf die Beschaffung von Hubtischen ab. Dabei soll neben der leichten Bedienbarkeit der Einstellungen zur individuellen Arbeitshöhe eine angemessene Plattformgröße für mehr Ablageraum und Fußraumfreiheit (Reduzierung der Stolpergefahr) geschaffen werden. „Das Be- und Entladen wird erleichtert, Kräfte werden geschont und sogar Müdigkeitserscheinungen werden reduziert" (AGR, 2009, S.15). Die Arbeitsleistung und der flexible Einsatz durch Mobilität ermöglichen eine optimale Anpassung an die Arbeitsbedingungen.

Zusammenfassend lässt sich sagen, dass die Mehrzahl an Transportfahrzeugen und der Einsatz von Hubtischen zu den Organisationsveränderungen am Arbeitsplatz in der Logistik gehören. Beides entlastet die schwere Arbeit am Arbeitsplatz und ermöglicht schnellere Arbeitsprozesse. Die Dauer dieser Intervention liegt nur bei zwei bis drei Wochen. Die Bestellung, Lieferung und Aufklärung zur Bedienungsanweisung nimmt nur wenig Zeit in Anspruch.

In Abb. 3 ist die Interventionsmaßnahme für das Rückenprogramm noch einmal dargestellt und in seine verhaltens- und verhältnisbezogenen Maßnahmen unterteilt.

Arbeitsplatzbezogenes Rückenprogramm	
Zielgruppe:	Alle Mitarbeiter und Führungskräfte des Unternehmens
Zielsetzung:	Reduzierung der Rückenschmerzen & Verspannungen Gesundheitsbewusstsein schaffen
Verhaltensbezogene Maßnahme:	1. Sensibilisierungsvortrag 2. Firmenfitness
Verhältnisbezogene Maßnahme:	Organisationsveränderung: -> Transportfahrzeuge -> Hubtische
Zeitdauer:	Sensibilisierungsvortrag: 2 Wochen, 2x 45min wöchentlich Firmenfitness: 5 Monate Anschaffung neuer Arbeitsmaterialien: 2 - 3 Wochen

Abb. 3: Interventionsmaßnahme: Arbeitsplatzbezogenes Rückenprogramm

3.2 Interventionsmaßnahme: Gesunde Führung im Unternehmen

Die Interventionsmaßnahme „Gesunde Führung im Unternehmen" wird durchgeführt, da 38% der befragten Mitarbeiter das Führungsverhalten als unzureichend empfanden. Außerdem ergab sich in der letzten Frage des Fragebogens, dass vor allem die Verlässlichkeit auf den Vorgesetzten nur mit einem Mittelwert von 2,6 auf einer Skala von 1,8 bis 4,0 abschnitt. Damit lag dieser deutlich im negativen Bereich.

Die erste Maßnahme beinhaltet ein Vortrag über den Nutzen von BGM und wird für alle Führungskräfte im Unternehmen durchgeführt, um diese als Unterstützer im BGM zu gewinnen. Sie sollen davon überzeugt werden, dass sich die in der Analyse herausgestellten Belastungen der Mitarbeiter negativ auf die Gesundheit und Motivation der Mitarbeiter auswirken. Gleichzeitig können bereits bestehende Wünsche, Erwartungen, Hoffnungen oder gar Befürchtungen geklärt werden.

Im zweiten Schritt soll ein 4 – wöchiger Workshop „Führung in Balance" stattfinden, der die Führungskräfte unterstützen soll, sich und die Mitarbeiter gesund zu führen. Dazu gehört zum einen die Selbstführung, d.h. die Stärkung der individuellen Ressourcen, zum anderen die gesundheitsgerechte Mitarbeiterführung und Kommunikation. Außerdem sollen die Führungskräfte im Umgang mit psychisch belastenden Mitarbeitern geschult werden.

Zusammenfassend lässt sich sagen, dass das Ziel der Interventionsmaßnahme darin liegt, das Verhältnis zwischen den Mitarbeitern und Führungskräfte zu verbessern, um gleichzeitig die psychische Gesundheit positiv zu beeinflussen.

Die Auswahl der Interventionsmaßnahme beruht auf der Kenntnis über den Konsens zwischen der Führungskraft und der Gesundheit der Mitarbeiter. In einer gesundheits- und entwicklungsförderlichen Führungsverhaltensanalyse (GEFA) wurden 1,278 Mitarbeiter zum Verhalten ihres Vorgesetzten gefragt. Dabei konnten „gesundheitsrelevante Verhaltensweisen der Führungskräfte identifiziert und differenzierte Erkenntnisse über das Zusammenspiel zwischen Führung und Gesundheit der Beschäftigten gewonnen werden" (Franke & Felfe, S. 3).

Die Zeitdauer der gesamten Maßnahme beläuft sich auf ca. fünf Wochen. Die zwei Sensibilisierungsvorträge über den Nutzen von BGM umfassen zwei Tage, an denen jeweils ein ca. 90 minütiger Vortrag stattfindet. Im Anschluss erfolgt der 4 – wöchige Workshop, der pro Woche ein 3 bis 4 stündiges Seminar beinhaltet. Eine Übersicht der Interventionsmaßnahme ist in Abb. 4 dargestellt.

Darin wird ersichtlich, dass es sich bei der Intervention um einen ganzheitlichen Ansatz handelt, bei dem nicht zwischen verhältnis- & verhaltensbezogenen Maßnahmen explizit unterschieden werden kann. Zum Schluss ist zu sagen, dass die Intervention sich an das Qualitätskriterium der Luxemburger Deklaration richtet, nämlich die Führungsaufgabe. Diese besagt, dass BGM Führungsaufgabe ist und das Management und die Führungskräfte aktiv die Maßnahmen unterstützen müssen (VDBW, 2010, S. 7).

Gesunde Führung im Unternehmen	
Zielgruppe:	Alle Führungskräfte im Unternehmen
Zielsetzung:	Sensibilisierung der Führungskräfte für das Pilotprojekt und die Verbesserung des Verhältnisses zu den Mitarbeitern
Verhältnisbezogene & verhältnisbezogene Maßnahme:	1. Sensibilisierungsvortrag Thema: "Nutzen von BGM" 2. Workshop "Führung in Balance" Themen: *Selbstführung *Gesundheitsgerechte Mitarbeiterführung und Kommunikation *Umgang mit psychisch belasteten Mitarbeitern
Zeitdauer:	Zu 1: 2 Tage, ca. 90min Zu 2: 4 Wochen. Wöchentlich ein Workshop von ca. 3 -4 Std

Abb. 4: Interventionsmaßnahme: Gesunde Führung im Unternehmen

3.3 Projekt- und Ressourcenplanung

Im BGM – Projekt werden einige Ressourcen zur Umsetzung des Planes benötigt. Dabei fallen finanzielle Kosten an, die unter anderem durch materielle Ressourcen und personelle Unterstützung entstehen. Des Weiteren beansprucht die Durchführung Zeit, die ebenfalls in der Planung berücksichtigt werden muss. Im folgenden Verlauf werden zunächst die personellen Ressourcen und die internen und externen Kostenpositionen dargestellt. Im Anschluss wird der ganze Projektablauf in einem Gantt – Diagramm übersichtlich dargestellt.

3.3.1 Zuständigkeit und Budgetverteilung des BGM – Projekts

In Abb. 5 werden alle personellen, finanziellen und materiellen Ressourcen tabellarisch dargestellt. Zu Beginn sind die Zuständigkeiten im Projekt zu klären, d.h. wer das Projekt leitet und welche sonstigen Personen mit einbezogen werden.

Bei der Grobplanung des Konzepts wurde bereits festgelegt, dass ein externer Dienstleister beauftragt wird, der neben der Beratung auch die Gesundheitsanalysen durchführen soll und entsprechende Interventionsmaßnahmen vorschlägt. Des Weiteren wird er im Verlauf alle Maßnahmen begleiten und das Projekt evaluieren. Zusätzlich wird intern eine Arbeitsgruppe einberufen, der Arbeitskreis Gesundheit, der als Koordinierungsstelle für das BGM – Projekt dienen soll. Innerhalb dieser Gruppe wird ein verantwortlicher Projektleiter gewählt, der als Mitarbeitervertreter in der Personalabteilung fungieren soll.

Da sich das Projekt auf einen Teilbereich des Unternehmens bezieht, ist es auch sinnvoll den betreffenden Abteilungsleiter in die Projektleitung miteinzubinden, der das Projekt überwachen soll und einzelne Aufgaben koordiniert. Als letztes ist noch die Geschäftsleitung zu nennen, die vor allem Entscheidungsträger in allen Maßnahmen ist und während des gesamten Projektes mit einbezogen wird. Externe Kosten entstehen durch die Kooperation mit dem Fitnessstudio.

Ergänzend dazu gehören zu den finanziellen Ressourcen die internen Personalkosten durch die Freistellung des Personals für den Arbeitskreis Gesundheit und die Sensibilisierungsvorträge für die Führungskräfte und die Mitarbeiter. Zusätzlich fallen betriebliche Sozialkosten des Betriebsarztes und die Zusatzleistungen eines Projektleiters, z.B. in Form von Prämien an. Zu den finanziellen Ressourcen gehört außerdem das Maßnahmenbudget, das die Durchführung der Workshops, die Informationsvorträge und die Firmenfitness beinhaltet. Zum Schluss ist noch das BGM – Budget zu nennen, dass das jährlich einzuplanende Budget beinhaltet, um eine langfristige Durchführung des Projekts im Unternehmen zu gewährleisten.

Die materiellen Ressourcen müssen ebenfalls bei der Projektplanung mit einkalkuliert werden. Dazu gehören zum einen Seminarräume für die Sitzungen des Arbeitskreises Gesundheit und die Durchführung der Workshops und Vorträge. Zum anderen zählen erneut die Kosten der Interventionsmaßnahmen dazu.

Ressourcen	wird benötigt..
personell:	
BGM Dienstleister (extern)	Gesundheitsanalyse
	Interventionsmaßnahmen vorschlagen und begleiten
	Sensibilisierungsvortrag
	Projekt evaluieren
Mitglieder Arbeitskreis Gesundheit (intern)	Teilnahme an den Sitzungen
Geschäftsleitung (intern)	während des gesamten Projektes
Abteilungsleiter (intern)	während des gesamten Projektes
Projektleiter (intern)	während des gesamten Projektes
Beschäftigte für Projektaufgaben, z.B. Kooperationspartner (extern)	Firmenfitness
finanziell	
Freistellung der Mitarbeiter (intern)	Teilnahme an Sensibilisierungsvortrag
Maßnahmenbudget (intern)	Transportfahrzeuge
	Hubhilfen
	Workshops
	Informationsvorträge
	Firmenfitness
Personalkosten	externer Dienstleister = BGM - Beauftragter (externe Kosten)
	Einsatz der Mitarbeiter im Arbeitskreis Gesundheit (interne Kosten)
	Betriebsarzt (Interne Kosten)
	Beschäftigte für Projektaufgaben / Kooperationspartner (Externe Kosten)
	Projektleiter (Interne Kosten)
BGM - Budget (intern)	langfristige Durchführung von BGM im Unternehmen erfordert jährlich einzuplanendes Budget
materiell	
Seminarräume (intern)	Sitzung Arbeitskreis Gesundheit und Gesundheitszirkel
	Workshops & Informationsvorträge
Interventionsmaßnahmen (intern)	Transportfahrzeuge
	Hubhilfe

Abb. 5: Ressourcenplanung zur Umsetzung des BGM – Projekts

3.3.2 Zeitliche Darstellung des BGM – Projekts

Das BGM Projekt des Unternehmens für Möbelbau beginnt im August 2015 mit der Bedarfsbestimmung. Dabei werden in einer internen Besprechung die Beweggründe zur Einführung des Projektes besprochen, die sich vor allem auf die steigenden Krankenstände im Unternehmen berufen. Das Ziel des Projekts besteht darin, die Beschäftigten bis zur Erreichung der Rente leistungsstark und gesund zu halten und Erkenntnisse zu den psychischen Belastungen und Erkrankungen erlangen, um diese nachhaltig zu reduzieren oder gar auszuschalten. Außerdem wird in der Bedarfsbestimmung die Grobplanung des Projekts besprochen, bei der die Bausteine wie Fehlzeitenstatistik, Mitarbeiterbefragung und Gefährdungsbeurteilung besprochen werden. Darunter zählt auch die Kostenplanung, bei der interne und externe Kosten berücksichtigt werden müssen. Des Weiteren wird geklärt, wer Entscheidungsträger bei den Interventionsmaßnahmen ist und wer diese durchführt.

Unter Einberufung des Arbeitskreises Gesundheit, der sich aus der Unternehmensleitung, dem Personalverantwortlichen, dem Betriebsarzt, einem Vertreter des Betriebsrats, einem Sicherheitsbeauftragten, Abteilungsleiter und einigen Mitarbeitern zusammensetzt, werden im Anschluss die Analyseergebnisse präsentiert. „Es sollte strikt beachtet werden, dass die Mitglieder des Arbeitskreises feste Aufgaben und Rollen übernehmen, damit eine effektive und effiziente Arbeit gewährleistet ist" (Morsch, 2016, S. 33).

Des Weiteren wird in der internen Besprechung festgelegt, dass ein externer Dienstleister beauftragt wird, der als Berater und Leiter des gesamten Projektes fungieren soll. In Tab. 2 wird die Bedarfsbestimmung als Phase 1 des Projektablaufs noch einmal zeitlich in Tagen und Wochen gegliedert. Bei den Zeitangaben handelt es sich lediglich um Schätzungen.

Tab. 2: Zeitlicher Verlauf in Tagen/Wochen – Phase 1 Bedarfsbestimmung

Bausteine	Zeitbedarf (Tage/Wochen)
Phase 1 - Bedarfsbestimmung	
Interne Besprechung	täglich
Zielsetzung des Projekts	ca. 1 Woche
Grobplanung Projekt	ca. 4 Wochen
Freigabe des Projekts	etwa 1 Monat
Einberufung Arbeitskreis Gesundheit	ca. 1-2 Wochen
Suche nach externen BGM Dienstleister	ca. 1 Woche

Im September/Oktober 2015 ist die Durchführung der Analyseinstrumente geplant. Hier wurde die Fehlzeitenstatistik, eine Mitarbeiterbefragung und Gefährdungsbeurteilung in der Logistikabteilung geplant. Die Phase der Analysedurchführung umfasst eine Zeitdauer von etwa zwei Monaten, da es eine sehr umfangreiche Durchführung ist, die vom externen Dienstleister übernommen wird. Die Mitarbeiterbefragung ist für ca. 2 bis 4 Wochen geplant, da immer die Dauer der Rücklaufquote der Fragebögen miteinberechnet werden muss. Bei der Gefährdungsbeurteilung werden die aufgeführten Probleme in der Mitarbeiterbefragung noch einmal hinsichtlich des Risikos der Gesundheitsgefährdung eingestuft. Dabei sollen alle voraussehbaren Arbeitsabläufe im Unternehmen berücksichtigt werden. Jede ausgeübte Tätigkeit an allen Arbeitsplätzen ist dabei von Bedeutung und sollte länger als eine Woche beobachtet werden, um Zufälle ausschließen zu können.

Aus diesem Grund erfolgt sie erst nach Beendigung und Auswertung der Befragungen, um bereits Parallelen zu erkennen. Die Fehlzeitenstatistik gehört im Vergleich zu den anderen Analyseverfahren zur gewohnten betrieblichen Praxis und benötigt weniger Zeit zur Auswertung.

Die detaillierte Besprechung der Analyseergebnisse im Arbeitskreis Gesundheit erfolgt im November 2015 und dauert im Gesamten etwa vier bis sechs Wochen. In Tab. 3 ist die zweite Phase noch einmal nach dem Zeitbedarf in Tage bzw. Wochen angegeben.

Tab. 3: Zeitlicher Verlauf in Tagen/Wochen – Phase 2 Analyse

Bausteine	Zeitbedarf (Tage/Wochen)
Phase 2 - Analyse	
Analyse Fehlzeitenstatistik	fortlaufend
Mitarbeiterbefragung	ca. 2 - 4 Wochen
Gefährdungsbeurteilung	ca. 3 - 4 Wochen
Besprechung der Analyseergebnisse	ca. 4- 6 Wochen

Je nach gewonnenen Daten und Erkenntnissen aus der Mitarbeiterbefragung und Gefährdungsbeurteilung werden entsprechende Interventionsmaßnahmen in Phase drei, der Interventionsplanung, abgeleitet. Diese werden gemeinsam mit dem externen Dienstleister entschieden. Dabei müssen organisatorische und finanzielle Aspekte berücksichtigt werden, „da die Umsetzung von Maßnahmen zur betrieblichen Gesundheitsförderung immer unter dem Gesichtspunkt des Kosten-Nutzen-Verhältnisses entschieden wird" (Morsch, 2016, S.112).

In Phase 4 werden die Interventionen letztendlich umgesetzt (s. Tab. 4). Die Inhalte der verschiedenen Maßnahmen wurden bereits in Kapitel 3 näher erläutert und sollen hier nur noch nach ihrer Reihenfolge im Projektplan begründet werden. Zu Beginn erfolgen die Sensibilisierungsvorträge jeweils für die Führungskräfte und die Mitarbeiter. Diese sind im Januar 2016 geplant und gelten als Startpunkt der Interventionsmaßnahmen. Etwa zwei bis drei Wochen werden dafür eingeplant, um alle 107 Mitarbeiter in der Logistik zu erreichen. Hierzu werden verschiedene Termine angeboten, sodass jeder Mitarbeiter je nach Schicht daran teilnehmen kann.

Die Anschaffung materieller Dinge, wie die geplanten Transportfahrzeuge und Hubhilfen erfolgt ab Februar bis spätestens Mitte März. Die Bestellung, Lieferung und Aufklärung zur Bedienungsanweisung nimmt verhältnismäßig wenig Zeit in Anspruch. Beide Maßnahmen werden innerhalb von 2 Monaten bearbeitet und abgeschlossen.

Wie bereits erwähnt, erstreckt sich die Firmenfitness über die ganze Zeit der Interventionsumsetzung (5 Monate), da die Kooperation direkt in Kraft tritt und somit der Zugang zum Fitnessstudio direkt ermöglicht wird.

Tab. 4: Zeitlicher Verlauf in Wochen/Tagen – Phase 3 Umsetzung

Bausteine	Zeitbedarf (Tage/Wochen)
Phase 4 - Umsetzung	
Sensibilisierungsvorträge	ca. 3 - 4 Wochen
Firmenfitness	fortlaufend
Anschaffung der Transportfahrzeuge	ca. 1 1/2 Monate
Anschaffung von Hubhilfen	ca. 1 1/2 Monate
Workshop "Führung in Balance"	4 Wochen

Im Sommer 2016 beginnt die Phase der Evaluation, in der die Interventionen und deren Auswirkungen ausgewertet und interpretiert werden. Im Gantt – Diagramm wird sie ebenfalls zu Beginn des Projektplanes eingezeichnet, da eine Evaluation bereits bei der Auswahl geeigneter Analyseinstrumente mit einbezogen werden muss, um keine unrealistischen Ziele oder Strategien zu entwickeln (Morsch, 2016, S. 165).

Die Phase der Evaluation wird innerhalb von ca. zwei Monaten durchgeführt und nicht noch einmal tabellarisch in Wochen angegeben. Die Auswertung des Projektes benötigt viel Zeit, da eine erneute Mitarbeiterbefragung und Gefährdungsbeurteilung durchgeführt werden muss. Erst daraus kann der Nutzen und die Effektivität der betrieblichen Maßnahmen abgeleitet werden. Die letzte Phase des Projektplans ist die Nachhaltigkeit, die nicht zeitlich begrenzt werden kann, da es ein kontinuierlicher Prozess ist.

Die betrieblichen Maßnahmen machen nur dann Sinn, wenn sie auch nach Beendigung des Projektes erhalten bleiben und nach der Evaluation entsprechend weiterentwickelt und optimiert werden. Hierzu kann der Regelkreis nach Deming herangezogen werden. Dieser wird auch Plan – Do – Check – Act – Zyklus genannt. Es beginnt mit einer geplanten Maßnahme (Plan), die umgesetzt wird (Do) und im Anschluss nach deren Wirksamkeit bewertet wird (Check). Im Anschluss daran wird entschieden, ob der gewünschte Zustand erreicht und übernommen wird oder ein neuer Plan zur Verbesserung herangezogen wird (Act) (Knipsel, 2008, S. 49).

Zusammenfassend lässt sich sagen, dass der Erfolg von dem Projekt letztendlich von der ständigen Weiterentwicklung abhängt. Das Projekt im Unternehmen für Möbelbau ist ein Pilotprojekt, das heißt, dass erst nach dem Projektabschluss über eine Weiterführung entschieden wird. In diesem Fall wird zunächst ein Teilbereich des Unternehmens, die Logistikabteilung, zur Testphase herangezogen, um im Anschluss eventuell das ganze Unternehmen miteinzubeziehen. Das Pilotprojekt dient dazu, die Beschäftigten für ein gesundheitsorientiertes Verhalten zu sensibilisieren und erfolgreich abgeschlossene Maßnahmen langfristig in die Unternehmenskultur zu integrieren.

In Abb. 6 ist die zeitliche Darstellung der einzelnen Projektschritte noch einmal in Monate / Jahre in einem Gantt - Diagramm dargestellt. Das Projekt dauert insgesamt mit der Auswertung ein Jahr, d.h. von August 2015 – August 2016. Lediglich die Phase der Nachhaltigkeit geht über das Projektende hinaus.

Projektplan	2015					2016											
	Aug	Sep	Okt	Nov	Dez	Jan	Feb	Mär	Apr	Mai	Jun	Jul	Aug	Sep	Okt	Nov	Dez
1. Bedarfsbestimmung																	
Interne Besprechung																	
Einberufung Arbeitskreis Gesundheit																	
Zielsetzung des Projekts																	
Grobplanung Projekt																	
Freigabe des Projekts																	
Suche nach externen BGM Dienstleister																	
2. Analyse																	
Analyse Fehlzeitenstatistik																	
Mitarbeiterbefragung																	
Gefährdungsbeurteilung																	
Besprechung der Analyseergebnisse im Arbeitskreis Gesundheit																	
3. Interventionsplanung																	
4. Umsetzung																	
4.1 Arbeitsplatzgestaltung																	
Sensibilisierungsvorträge (Mitarbeiter & Führungskräfte)																	
Firmenfitness																	
Anschaffung der Transportfahrzeuge																	
Anschaffung von Hubhilfen																	
5. Evaluation																	
Mitarbeiterbefragung																	
Gefährdungsbeurteilung																	
6. Nachhaltigkeit																	

Abb. 6: Projektplan – Zeitliche Darstellung der einzelnen Planungsschritte im Gantt - Diagramm

4 Diskussion und Probleme der Evaluation

Im Sinne einer kontinuierlichen Fortführung und Weiterentwicklung eines erfolgreichen BGM, ist eine Evaluation unerlässlich. Der Begriff „Evaluation" im Betrieblichen Gesundheitsmanagement spielt eine bedeutsame Rolle und bezeichnet „die systematische Bewertung der implementierten Strukturen und Prozesse sowie der erzielten Ergebnisse" (Badura & Hehlmann, 2010, S. 96). In diesem Kapitel geht es um die Frage, wie die Effektivität, die Geeignetheit, Akzeptanz und Effizienz der durchgeführten Maßnahmen gemessen werden kann. Es wird also hinterfragt, inwieweit die Ziele erreicht wurden und ob die angewandten Methoden im Hinblick auf das Projektziel überhaupt wirksam waren. Des Weiteren ist fraglich, ob die Beschäftigten alle Maßnahmen für akzeptabel empfanden und ob die Kosten und der Zeitaufwand im Verhältnis zum Nutzen standen. Hierzu gibt es verschiedene Evaluationstypen, die im folgenden Kapitel vorgestellt werden.

4.1 Evaluationstypen und Evaluationsmöglichkeiten

Allgemein lässt sich die Evaluation in drei Arten kategorisieren. Bei der Strukturevaluation geht es um die Frage, „welche persönlichen, materiellen, organisatorischen und strukturellen Ressourcen zur Verfügung stehen, um die gesetzten Ziele zu erreichen" (Pfannstiel & Mehlich, 2016, S.375).
Bei der Prozessevaluation hingegen, geht es um die Frage, ob die Maßnahmen reibungslos und wie geplant umgesetzt wurden. Sie bezieht sich somit auf die Aktivitäten und den Einsatz der vorhandenen Ressourcen (Pfannstiel & Mehlich, 2016, S. 376).
Als Evaluationsmaßnahme können Interviews durchgeführt werden. Zu den Zielpersonen gehören die BGM – Leiter, die Unternehmensleitung und alle weiteren Personen, die an der Umsetzung der Maßnahmen beteiligt sind. Mögliche Fragen wären „Wie ist der Iststand der Maßnahmen? Wird der Zeitplan eingehalten? Muss er angepasst werden? Gab es Probleme bei der Umsetzung? Sind Änderungen nötig? Wenn ja, welche? Werden zusätzliche Ressourcen benötigt?" (Pfannstiel & Mehlich, 2016, S. 376).
Zum anderen könnten Fragebögen zur Prozessevaluation dienen, die den Betrieben die Möglichkeit bieten, die Prozesse des BGM im Unternehmen selbstständig zu bewerten. Dabei wird zum Beispiel erfragt, wer an der Planung, Umsetzung oder Auswertung teilgenommen hat, ob die Maßnahmen wie geplant umgesetzt wurden und die Maßnahme von allen Teilnehmern akzeptiert wurde.

Zum Schluss wird der Fokus dann noch auf die Verbesserungen von den Erhebungsmethoden und Materialien gelegt (Pfannstiel & Mehlich, 2016, S. 176).

Als dritte Art der Evaluation gilt die Ergebnisevaluation, bei der es um die Frage geht, ob alle Beteiligten zufrieden waren, alle Ziele erreicht wurden und wie hoch der Zielerreichungsgrad ist. Hierbei können mehrere Möglichkeiten als Evaluationsmaßnahmen in Betracht gezogen werden, wie zum Beispiel Dokumentationen, Mitarbeiterbefragungen oder Kennzahlen. Zur Dokumentation der Strukturen können BGM Checklisten verwendet werden, in der erfasst wird, ob bestimmte Strukturen vorhanden sind oder nicht. Zur Dokumentation der geführten Maßnahmen können diese hinsichtlich verschiedener Kriterien aufgeschlüsselt werden, wie zum Beispiel die Häufigkeit, Tag, Ort oder Haupt- und Teilziele. Neben der Dokumentation können auch Mitarbeiterbefragungen durchgeführt werden, in denen „Meinungen, Einstellungen, Erwartungen, Bedürfnisse und Verhaltensweisen von Beschäftigten umfassend erfragt werden" (Pfannstiel & Mehlich, 2016, S. 378). Um Veränderungen und Vergleiche hinsichtlich physischer und psychischer Faktoren festzustellen, ist es notwendig die Mitarbeiter vor und nach der Einführung der Maßnahme zu fragen, d.h. es wird eine Prä – Post- Messung durchgeführt, um Vergleichswerte aufstellen zu können.

4.2 Probleme der Evaluation von Maßnahmen im BGM

In der Phase der Evaluation besteht das Problem, dass es trotz der vielseitigen Methoden zu Ungenauigkeiten oder Fehlinterpretationen in der Auswertung eines Projektes kommen kann. In der geplanten Zweiterhebung in Form einer Mitarbeiterbefragung kann die Rücklaufquote zum Beispiel geringer ausfallen als beim ersten Mal. Somit können keine aussagekräftigen Ergebnisse abgeleitet werden. Die geringere Teilnahme begründet sich meist in der Angst um den Arbeitsplatz. Die Unternehmensleitung erhofft sich nach einem BGM – Projekt eine Verbesserung der psychischen und physischen Belastung der Mitarbeiter. Somit werden bei Fragen nach der Leistungsfähigkeit auch positive Antworten erwartet. Ein möglicher Handlungsdruck als Hintergrund könnte dadurch angenommen werden (Pieper & Schröer, 2015, S. 11).

Ein weiteres Problem sind die Ursachen – Wirkungs – Zusammenhänge. So kann durch die Zweiterhebung zwar festgestellt werden, dass sich beispielsweise der Gesundheitszustand der Mitarbeiter verbessert hat, jedoch bleibt die Kausalität zu den Interventionsmaßnahmen aus.

„Während sich die Kosten betrieblicher Gesundheitsförderung also zumindest in Form von Zielgrößen und Durchschnittswerten bestimmen lassen, bleiben Ursache – Wirkungs – Zusammenhänge in der Regel ungeklärt (Pieper & Schröer, 2015, S. 12). Des Weiteren zeigt sich in der betrieblichen Prävention und Gesundheitsförderung ein Problem in der Forderung nach Evidenz. Der Begriff Evidenz bedeutet, „dass für die Wirksamkeit einer Intervention (einer Therapie, einer Operation, eines Medikaments) hinreichende wissenschaftliche Nachweise erbracht wurden" (Pieper & Schröer, 2015, S. 12). Die Herausforderung der Evidenzbasierung in der Prävention besteht darin, „dass die Studienlage in der betrieblichen Prävention und Gesundheitsförderung äußerst heterogen ist hinsichtlich Zielparameter, Studienpopulation, Studiendesign usw." (Pieper & Schröer, 2015, S. 13). Eine kontrollierte, randomisierte Studie ist somit schwer anzuwenden und Maßnahmen in Ergebnissen können nicht verglichen werden.

Ein weiteres Problem stellt die Dauer der Interventionsmaßnahmen dar. Die Firmenfitness gegen die häufig genannten Nacken- und Rückenschmerzen kann eine wirksame Intervention darstellen. Dennoch können neben einer falschen Körperhaltung auch weitere Risikofaktoren bei der Entstehung von Schmerzen ausschlaggebend sein. Somit können kurzfristige Effekte kaum auftreten, „da Behandlungen bei Problemen und Schmerzen im Bewegungsapparat erst nach längerer Zeit zu Verbesserungen des Befindens führen" (Pieper & Schöer, 2015, S. 53). Langfristig gesehen, ist es ebenfalls schwierig körperliche Verbesserungen auf die Interventionen zurückzuführen, da innerhalb eines längeren Zeitraumes auch andere Einflüsse dafür ursächlich sein können.

Der sogenannte Halo – Effekt kann bei der Zweiterhebung somit auftreten. Dieser beschreibt die Tendenz, einzelne Urteile aufgrund des Gesamteindruckes oder herausragender Merkmale zu fällen (Pieter, 2016, S.53). Für schnelle Erkenntnisse des Projektes ist die Gefährdungsbeurteilung von Vorteil, da diese vorrangig die Maßnahmen des Betriebsgeländes bewertet, die sich allesamt schnell innerhalb eines Monats umsetzen lassen.

Durch die zeitlich verzögerten positiven Effekte besteht die wesentliche Herausforderung in den anfallenden Kosten. Vor der Durchführung der Maßnahmen können die Effekte nur prognostiziert werden. Auch der Vergleich mit anderen Studien ist schwer auf das eigene Unternehmen übertragbar. Nach dem Pilotprojekt sollte zusätzlich eine Kosten – Effektivitäts – Analyse durchgeführt werden, die zur Beurteilung der Maßnahmen, durch die Gegenüberstellung der Zielgröße und den aufgewendeten Kosten, dient. Ziel ist es, mit dem gegebenen Budget einen höchstmöglichen Nutzen zu erreichen. Erst danach lohnt es sich das BGM – Projekt weitere Jahre durchzuführen.

In diesem Projekt muss letztendlich angemerkt werden, dass der komplexe Teil des Führungsverhaltens und der psychischen Belastungen eine der bedeutsamsten Belastungsfaktoren am Arbeitsplatz sind. Besonders letzteres stellt einen sehr zeitintensiven Prozess dar, da das Ziel darin besteht, die Arbeitsgestaltung, Anforderungen und Belastungen so zu gestalten, „dass eine möglichst optimale Beanspruchung der Mehrheit der arbeitenden Menschen gewährleistet wird" (Pfannstiel & Mehlich, 2016, S. 113).

Dies bedeutet gleichzeitig eine „flexible und differenzielle Gestaltung der Arbeitssysteme, die unterschiedliche Arbeitsweisen gestattet", damit auch einzelne Beschäftigte optimal tätig sein können (Pfannstiel & Mehlich, 2016, S. 113).

Zusammenfassend lässt sich sagen, dass die Prüfung einer gesundheitsfördernden, betrieblichen Maßnahme nach Effektivität, Geeignetheit, Akzeptanz und Effizienz sehr schwierig ist, da viele Faktoren innerhalb einer Projektdurchführung Einfluss haben. Die Ursachen – Wirkungs – Zusammenhänge können nur sehr schwer evoiert werden. Dennoch ist die Einführung eines Betrieblichen Gesundheitsmanagements aufgrund der Erhöhung des Renteneinstiegsalters von großer Bedeutung, um gegen die zunehmend alternde Belegschaft und den zeitgleich steigenden Fachkräftemangel präventiv vorzugehen.

5 Literaturverzeichnis

AGR (Aktion Gesunder Rücken). (2009). *Rückensignale: Rückenfreundliches Leben rund um die Uhr. Praktische Tipps für den rückengerechten Alltag.* Selsingen: AGR.

Badura, B., Walter, U. & Hehlmann, T. (2010). *Betriebliche Gesundheitspolitik: Der Weg zur gesunden Organisation.* Heidelberg: Springer.

Badura, B., B., Ducki, A., Schröder, H., Klose J. & Meyer, M. (2016). *Fehlzeiten – Report 2016 – Unternehmenskultur und Gesundheits – Herausforderung und Chancen.* Springer: Berlin.

Bundesanstalt für Arbeitsschutz und Arbeitsmedizin (BAuA) (2017). *Technische Regeln für Arbeitsstätten (ASR). ASR A3.4 Beleuchtung.* Zugriff am 10.09.2017. Verfügbar unter https://www.baua.de/DE/Angebote/ Rechtstexte-und-Technische-Regeln/Regelwerk/ASR/ASR.html

Bundesanstalt für Arbeitsschutz und Arbeitsmedizin (BAuA) (2017). *Technische Regeln für Arbeitsstätten (ASR). ASR A4.2 Pausen- und Beschäftigungsräume.* Zugriff am 10.09.2017. Verfügbar unter https://www.baua.de/DE/Angebote/Rechtstexte-und-Technische-Regeln/Regelwerk/ASR/ASR.html

Dunckel H. (1999). *Handbuch psychologischer Arbeitsanalyseverfahren.* Zürich: vdf Hochschulverlag.

Franke, F. & Felfe J. (2011). *Fehlzeiten – Report 2011. Kapitel 1: Diagnose gesundheitsförderlicher Führung – Das Instrument „Health – oriented Leadership".* Berlin: Springer.

Gredofski, H. (2015). *Das Kreuz mit dem Kreuz: Leben mit Bandscheibenbeschwerden.* Norderstedt: Books on Demand.

IGA (2009). *Iga – Fakten 1* (2. Auflage). Initiative Gesunde Arbeit.

IGA (2015). *Iga. Report 29* (1. Auflage). Berlin: Initiative Gesunde Arbeit.

Knipsel, K. L. (2008). *Qualitätsmanagement im Bildungswesen: Ansätze, Konzepte und Methoden für Anbieter von E-Learning- und Blended-Learning-Qualifizierungen.* Münster: Waxmann.

Liebers, F. & Caffier, G. (2009). Berufsspezifische Arbeitsunfähigkeit durch Muskel-Skelett- Erkrankungen in Deutschland. In Bundesanstalt für Arbeitsschutz und Arbeitsmedizin (hrsg.), *Berufs- und diagnosebezogene Auswertung von Arbeitsunfähigkeitsdaten der gesetzlichen Krankenkassen.* Dortmund: Baua.

Morsch, A. (2016). *Studienbrief Betriebliches Gesundheitsmanagement I* (Rev. 15.014.000). Saarbrücken: Deutsche Hochschule für Prävention und Gesundheitsmanagement.

Pfannstiel, M. A. & Mehlich H. (2016). *Betriebliches Gesundheitsmanagement: Konzepte, Maßnahmen, Evaluation.* Wiesbaden: Springer Gabler.

Pieper, C. & Schröer S. (2015). *Wirksamkeit und Nutzen betrieblicher Prävention. Wirksamkeit und Nutzen betrieblicher Gesundheitsförderung und Prävention – Zusammenstellung der wissenschaftlichen Evidenz 2006 bis 2012.* Berlin: AOK Bundesverb.

Pieter, A. (2016). *Studienbrief Forschungsmethoden* (Rev. 15.016.000). Saarbrücken: Deutsche Hochschule für Prävention und Gesundheitsmanagement.

Steinberg, U. & Windberg, H. J. (2011). *Heben und Tragen ohne Schaden. Bundesanstalt für Arbeitsschutz und Arbeitsmedizin* (6., unveränd. Aufl.). Dortmund: Baua.

Verband Deutscher Betriebs- und Werkärzte (2011). *Betriebliches Gesundheitsmanagement: Gesunde Mitarbeiter in gesunden Unternehmen. Betriebliche Gesundheitsförderung als betriebsärztliche Aufgabe.* Karlsruhe: VDBW.

6 Abbildungs- und Tabellenverzeichnis

6.1 Abbildungsverzeichnis

Abb. 1: Netzdiagramm, Beschwerdebilder der Mitarbeiter 5
Abb. 2: Priorisierung der Handlungsfelder 9
Abb. 3: Interventionsmaßnahme: Arbeitsplatzbezogenes Rückenprogramm 11
Abb. 4: Interventionsmaßnahme: Gesunde Führung im Unternehmen 13
Abb. 5: Ressourcenplanung zur Umsetzung des BGM – Projekts 15
Abb. 6: Projektplan – Zeitliche Darstellung der einzelnen Planungsschritte im Gantt - Diagramm 20

6.2 Tabellenverzeichnis

Tab. 1: Zusammenfassung der Ergebnisse der Arbeitsanalyse 6
Tab. 2: Zeitlicher Verlauf in Tagen/Wochen – Phase 1 Bedarfsbestimmung 16
Tab. 3: Zeitlicher Verlauf in Tagen/Wochen – Phase 2 Analyse 17
Tab. 4: Zeitlicher Verlauf in Wochen/Tagen – Phase 3 Umsetzung 18

BEI GRIN MACHT SICH IHR WISSEN BEZAHLT

- Wir veröffentlichen Ihre Hausarbeit, Bachelor- und Masterarbeit

- Ihr eigenes eBook und Buch - weltweit in allen wichtigen Shops

- Verdienen Sie an jedem Verkauf

Jetzt bei www.GRIN.com hochladen und kostenlos publizieren